EMG3-0081
合唱楽譜＜J-POP＞
J-POP
CHORUS PIECE

合唱で歌いたい！ J-POPコーラスピース

混声3部合唱

小さな恋のうた

(MONGOL800)

作詞：上江洌清作　作曲：MONGOL800　合唱編曲：西條太貴

ELEVATO
MUSIC ENTERTAINMENT

小さな恋のうた

作詞:上江洌清作　作曲:MONGOL800　合唱編曲:西條太貴

10
A
♩=92
た と で あ い　と き　は な が れ る　お も　い を こ め た　て が　み も ふ ー え　る
た と で あ い　と き　は な が れ る　お も　い を こ め た　て が　み も ふ ー え　る
mf
い つ
A
♩=92
E　G♯m　A　E　A　E/G♯　B7　C♯m7
mp
14
ひ び
ひ び
し か ふ た り　た が　い に ひ び く　と き　に は げ し く　と き　に せ つ ー な　く
E　G♯m　A　E/G♯　A　E/G♯　F♯m　B7　E
18
B
く は と お く　は る　か か な ー た　へ　や さ　し い う ー た　は　せ か　い を か ー え
く は と お く　は る　か か な ー た　へ　や さ　し い う ー た　は　せ か　い を か ー え
と　お　く　か な　た　へ　ー　せ か　い を か ー え
B
E/G♯　A　B　C♯m7　E/G♯　A　B　B7
mp

22
C
f
る ーーー ー ほ ー ら あ な たにーとっ て だ い じ なーひ と
る ー ほ ー ら あ な たにーとっ て だ い じ なーひ と
る ー ほ ー ら あ な たにーとっ て だ い じ なーひ と
E B A B7/D♯ E E/G♯
26
ーほど す ぐ そ ー ば にーい る の た だ あ な たにーだ け と ど いてーほ し
ーほど す ぐ そ ー ば にーい る の たー だ あ な たにーだ け と ど いてーほ し
ーほど す ぐ そ ー ば にーい る の た だ あ な た にーだ け
A E/G♯ F♯m7 B E A B7/D♯ E E/G♯
30
mf
D
ーい ひ び け ー こ いーの う た ほ ー ら ー ー ー ほ
ーい ひ び け ー こ いーの う た ほ ー ら ー ー ー ほ
ー ひ び け ー こ いーの う た ほ ら ー ー ー ほ
A E/G♯ F♯m7 B E AM7 AM7/B B7/A E/G♯

34
mp
ら ― ― ― ― ― ほ ら ― ― ― ― ― ― ― ― ひ
mp
ら ― ― ― ― ― ほ ら ― ― ― ― ひ
mp
ら ― ― ― ほ ら ― ― ひ
A Bsus4 B♯dim7 C♯m C♯m7/B A G♯7(♯9) B♯dim7 C♯m AM7 E/G♯
38
E
p
びけ こいのう た Oo
p
びけ こいのう た Oo
mp
びけ こいのう た あなたはきづく ふた
F♯m7 B E/G♯ F♯m7 A/B B7(♭9) E E G♯m
mf
mp
42
mp
にぎりしめたて はな
Oo
p
りはあるく くらいみちでも ひびてらすーつ き Oo
A E A E/G♯ B7 C♯m7 E G♯m

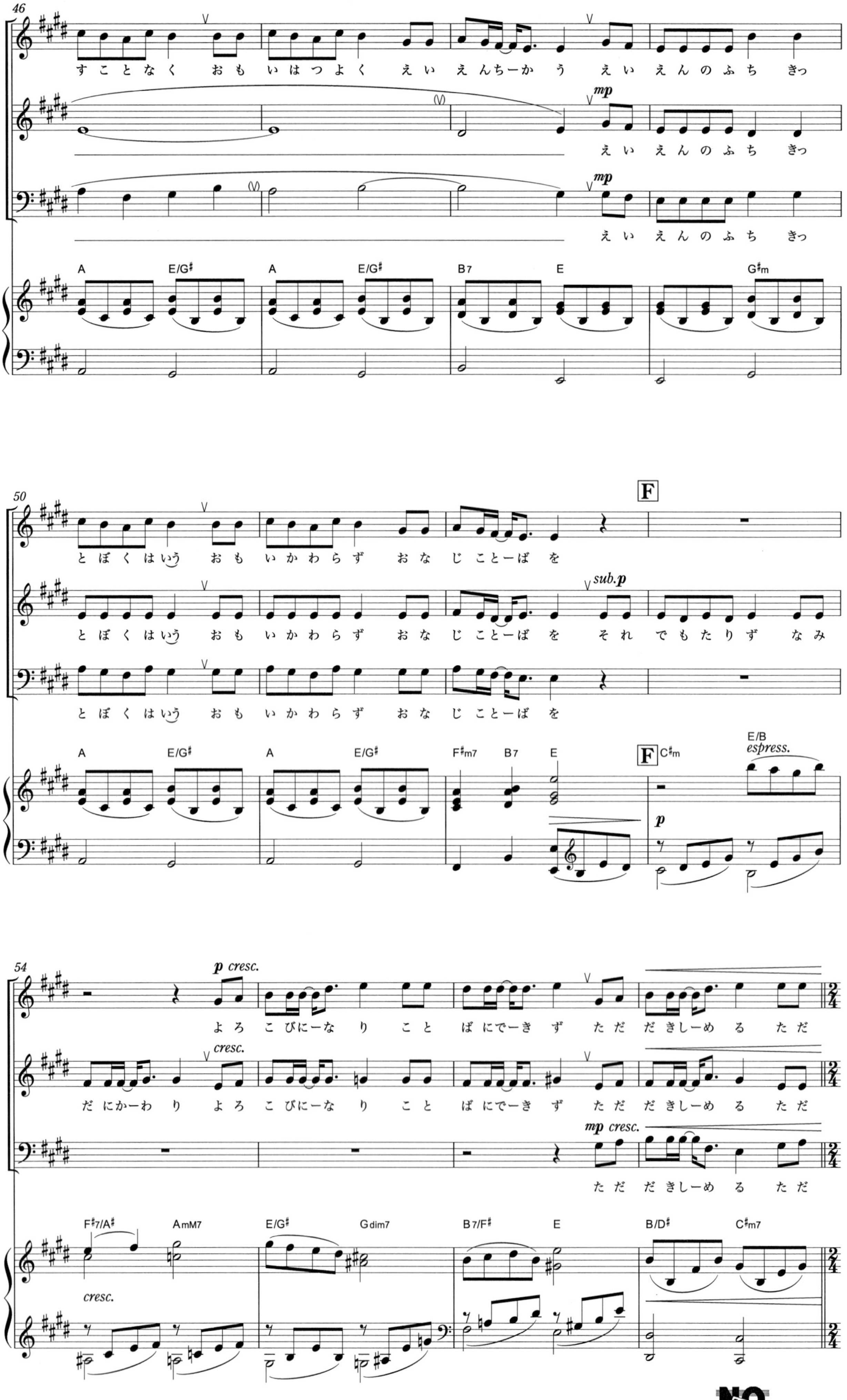

46
すことなく おも いはつよく えい えんちーか う えい えんのふち きっ
mp
えい えんのふち きっ
mp
えい えんのふち きっ
A E/G♯ A E/G♯ B7 E G♯m
50
F
とぼくはいう おも いかわらず おな じことーば を
sub.p
とぼくはいう おも いかわらず おな じことーば を それ でもたりず なみ
とぼくはいう おも いかわらず おな じことーば を
A E/G♯ A E/G♯ F♯m7 B7 E
F C♯m E/B
espress.
p
54
p cresc.
よろ こびにーな り こと ばにでーき ず ただ だきしーめ る ただ
cresc.
だにかーわ り よろ こびにーな り こと ばにでーき ず ただ だきしーめ る ただ
mp cresc.
ただ だきしーめ る ただ
F♯7/A♯ AmM7 E/G♯ Gdim7 B7/F♯ E B/D♯ C♯m7
cresc.

58
mf
f
G
だ きしーめ る ーーー ー ほ ー ら あ な たにーとっ
だ きしーめ る ー ほ ー ら あ な たにーとっ
だ きしーめ る ー ほ ー ら あ な たにーとっ
CM7 B7 E B G A B7/D♯
mf
f
62
て だ い じなーひ と ーほど す ぐ そ ー ば にーい る の た だ あ な たにーだ
て だ い じなーひ と ーほど す ぐ そ ー ば にーい る の たー だ あ な たにーだ
て だ い じなーひ と ーほど す ぐ そ ー ば にーい る の た だ あ な
E E/G♯ A E/G♯ F♯m7 B E A B7/D♯
66
mf
H
け と ど いてーほ し ー い ひ び け ー こ いーの う た ほ ー ら ー ー
け と ど いてーほ し ー い ひ び け ー こ いーの う た ほ ら ー ー
た にー だ け ー ひ び け ー こ いーの う た ほ ら ー ー
E E/G♯ A E/G♯ F♯m7 B E H AM7 AM7/B B7/A
mf

Elevato Music
EMG3-0081

82
ならばさめないでー あなたとすごしたときえいえん
ならばさめないでー あなたとすごしたときえいえんー
ばさめないでー あなたとすごしたときえいえん
A B7 E E♯dim7 F♯m7 B7 E B7(♭9)/D♯ C♯m G♯m/B
86
f
K
のほしとなるー ほーらあなたにーとっ
のほしとーーーなるー ほーらあなたにーとっ
のほしとーーーなるー ほーらあなたにーとっ
A A/B B7 K A B7/D♯
f
90
てだいじなーひとーほどすぐそーばにーいるのただあなたにーだ
てだいじなーひとーほどすぐそーばにーいるのたーだあなたにーだ
てだいじなーひとーほどすぐそーばにーいるのただあな
E E/G♯ A E/G♯ F♯m7 B E A B7/D♯

94
mf
L
け とどいてーほしーい ひび けー こいーのうた ほーら ーー
け とどいてーほしーい ひび けー こいーのうた ほーら ーー
たにーだけ ー ひび けー こいーのうた ほ ら ーー
E E/G♯ A E/G♯ F♯m7 B E
L AM7 AM7/B B7/A
98
ー ほ らーー ーーー ほ らー ー ーー
ー ほ らーー ーーー ほ ら
ー ほ ら ー ー ー ほ ら ー
E/G♯ A Bsus4 B♯dim7 C♯m C♯m7/B A G♯7(♯9) B♯dim7
102
mp M ♩=80
rit.
p
ーー ーー ー ひ びけ こいのう た ー
ーー ーー ー ひ びけ こいのう た ー
ー ー ひ びけ こいのう た ー
C♯m E/B A♯m7(♭5)
M ♩=80
F♯m7 B7
rit.
A E/G♯ F♯m7 E
mp
p

小さな恋のうた（MONGOL800）

作詞:上江洌清作

広い宇宙の数ある一つ　青い地球の広い世界で
小さな恋の思いは届く　小さな島のあなたのもとへ
あなたと出会い　時は流れる　思いを込めた手紙もふえる
いつしか二人互いに響く　時に激しく　時に切なく
響くは遠く　遥か彼方《かなた》へ　やさしい歌は世界を変える
ほら　あなたにとって大事な人ほど　すぐそばにいるの
ただ　あなたにだけ届いて欲しい　響け恋の歌
ほら...
響け恋の歌

あなたは気づく　二人は歩く暗い道でも　日々照らす月
握りしめた手　離すことなく　思いは強く　永遠誓う
永遠の淵　きっと僕は言う　思い変わらず同じ言葉を
それでも足りず　涙にかわり　喜びになり
言葉にできず　ただ抱きしめる
ほら　あなたにとって大事な人ほど　すぐそばにいるの
ただ　あなたにだけ届いて欲しい　響け恋の歌
ほら...
響け恋の歌

夢ならば覚めないで　夢ならば覚めないで
あなたと過ごした時　永遠の星となる
ほら　あなたにとって大事な人ほど　すぐそばにいるの
ただ　あなたにだけ届いて欲しい　響け恋の歌
ほら...
響け恋の歌

ELEVATO
MUSIC ENTERTAINMENT

エレヴァートミュージックエンターテイメントはウィンズスコアが
展開する「合唱楽譜・器楽系楽譜」を中心とした専門レーベルです。

ご注文について

エレヴァートミュージックエンターテイメントの商品は全国の楽器店、ならびに書店にてお求めになれますが、店頭でのご購入が困難な場合、下記PC&モバイルサイト・FAX・電話からのご注文で、直接ご購入が可能です。

◎PCサイト&モバイルサイトでのご注文方法

http://elevato-music.com

上記のアドレスへアクセスし、WEBショップにてご注文ください。

◎FAXでのご注文方法

FAX.03-6809-0594

24時間、ご注文を承ります。上記PCサイトよりFAXご注文用紙をダウンロードし、
印刷、ご記入の上ご送信ください。

◎お電話でのご注文方法

TEL.0120-713-771

営業時間内に電話いただければ、電話にてご注文を承ります。